BILINGUAL CHINESE CLASSICS

我的第一本双语国学书

论语 3 子罕 乡党 先进 颜渊

丛书主编 ◎ 戴兆国　庄国欧

本册主编 ◎ 余亚斐

中文朗读：汪星月　陈灵希　王言蹊
英文朗读：谢林夕（全国英语演讲比赛一等奖）

安徽师范大学出版社
ANHUI NORMAL UNIVERSITY PRESS
· 芜湖 ·

图书在版编目(CIP)数据

论语.3 子罕·乡党·先进·颜渊:汉英对照 / 戴兆国,庄国欧主编.—— 芜湖:安徽师范大学
出版社,2022.4

(我的第一本双语国学书)

ISBN 978-7-5676-5306-1

Ⅰ.①论… Ⅱ.①戴…②庄… Ⅲ.①《论语》- 儿童读物 - 汉、英 Ⅳ.①B222.2-49

中国版本图书馆 CIP 数据核字(2021)第 215283 号

论语.3 子罕·乡党·先进·颜渊:汉英对照

LUNYU.3 ZIHAN·XIANGDANG·XIANJIN·YANYUAN:HANYING DUIZHAO

丛书主编◎戴兆国 庄国欧

本册主编◎余亚斐

策划编辑:吴 琼 汪碧颖

责任编辑:汪碧颖 责任校对:吴 琼

装帧设计:张 玲 汤彬彬 责任印制:桑国磊

出版发行:安徽师范大学出版社

芜湖市北京东路1号安徽师范大学赭山校区

网 址:http://www.ahnupress.com/

发 行 部:0553-3883578 5910327 5910310(传真)

印 刷:安徽联众印刷有限公司

版 次:2022年4月第1版

印 次:2022年4月第1次印刷

规 格:700 mm × 1000 mm 1/16

印 张:14

字 数:115千字

书 号:ISBN 978-7-5676-5306-1

定 价:39.80元

如发现印装质量问题,影响阅读,请与发行部联系调换。

丛书编委会

丛书主编：戴兆国　庄国欧

写给小朋友的话

小朋友们,《论语》主要记录了春秋时期一位伟大的思想家、教育家的言行。这个人名叫孔丘,后人尊称他"孔子"。从记录的称呼和口气上看,《论语》是孔子的弟子及其再传弟子编写而成的。

《论语》全书共20篇,每篇包括若干章节,总计512章,每篇的篇名是后人用那一篇的第一章开头两个字或三个字起的(因为"子曰"这两个字经常用在开头,所以除外)。书的内容涉及政治、教育、文学、哲学以及做人做事的道理等很多方面,我们应该认真学习加以领会,并且在生活中也这样去做。

本套丛书分为读一读、英译、译文和启示四大部分,并配以单词卡片和摹写训练,从听、读、写、思四个方面立体展现其内容,为读者们展开了全新的四维阅读方式:让小读者们在理解原文、学习古文、领悟经典的同时,还能够夯实英语基础,学习与"国学经典"密切相关的英语知识,更好地满足当下学习需求。

这套书一共有5本,《论语》中的每4篇集为一本。书中的有些内容,例如英文翻译,会有一定的难度。你有信心读懂吗?现在就让我们一起来挑战吧!

前　言

小朋友们,本册是这套丛书的第三册,即《论语》中的《子罕》《乡党》《先进》和《颜渊》四篇。具体来看,本册的篇章内容既包含孔子对待传统文化的态度,也体现了孔子为人处世的包容态度。孔子还提出要心存高远的志向,拥有高尚的美德,才能成为对国家对社会有用的人。

我们可以通过阅读本册内容,一起领略孔子的为人之道、教学之方,改变既往对孔子和《论语》的刻板印象,以便重新认识孔子、重新认识《论语》。比如,孔子的教学方式并非枯燥乏味、长篇说教,而是生动有趣、相互启导。现在看来,即便时过境迁、时移世易,孔子与其弟子的对话依然鲜活而平实,而且体现了非常睿智的哲人思想。实际上,他就像我们的邻居老爷爷一样和蔼可亲、聪慧睿智。课堂上的他风趣幽默、聪敏机智,能把深刻的道理讲得通俗易懂。生活中的他平易近人、谦虚谨慎,与亲朋同事相处和谐融洽,对待街坊邻居和睦友好。

就编写体例而言,具体包括"读一读""英译""写一写""释义""启示""英语卡片""我会写"七个板块。此外,生僻字词已附注通俗性解释,重点英文单词已标注音标。

总之,本册内容丰富多彩,我们一起来探索学习吧。

目　录

子罕第九

　　小朋友们，《子罕》是《论语》的第九篇，在这一篇中，孔子告诉了我们许多道理。首先，对待传统文化，既要吸取精华，又要剔除糟粕；既要学习传统，又不能固守传统。其次，一个人应当培养高远的志向与坚定的意志，努力学习，培养美德，增长才干，多服务于社会，多帮助他人。再次，在与他人相处时，应当尊重他人，包容他人，严以律己，宽以待人。最后，时不我待，应当珍惜时间，天天向上，不可懈怠懒惰。

zǐ hǎn (shǎo) yán lì yǔ (zàn xǔ) mìng yǔ rén
子罕（少）言利，与（赞许）命，与仁。

英 译

The Master seldom spoke of **profit**, but rather of **mission** and **benevolence**.

写一写

子	罕	言	利						

释 义

孔子很少讲功利，常谈及使命和仁爱。

一个人做事情，应该多想到使命和仁爱，而不应只想着自己的利益。使命是人应当要做的事情，采取正义的方式做对他人、对社会有利的事情；如果只想着自己的好处，做起事情来可能就会违背正义，侵害他人和社会的利益。小朋友们，这一点要牢牢记住噢！

英语卡片

profit	mission	benevolence
[ˈprɔfit]	[ˈmɪʃn]	[bəˈnevələns]
n.利益	n.使命	n.仁爱，善行

 我会写

profit

mission

....
....
_____
....

benevolence

....
....
_____
....

zǐ jué sì　　wú yì　　wú bì　　wú gù　　wú wǒ
子 绝 四 ：毋 意 ，毋 必 ，毋 固 ，毋 我 。

英 译 ·

The Master stayed away from four things: he did not put forth theories of conjectures; he did not stick to predetermined goals; he was not obdurate; he was not self-centered.

写一写

子 绝 四

释 义

孔子杜绝四种毛病：不去主观臆测，不执着于预定的目标，不固守一定的方式，不以自我为中心。

启 示

生活中有许多原则和底线，国家的法律、社会的道德、做人的准则都需要坚守，但是坚守原则不代表在任何事情和做法上都一成不变，否则就会走向僵化和固执。中国人一方面讲究原则要坚定，另一方面还强调方式要变通，要具体问题具体对待，因时、因地、因人而异。

英语卡片

conjecture	predetermined	obdurate
[kənˈdʒektʃə(r)]	[ˌpriːdɪˈtəːmɪnd]	[ˈɔbdjərət]
n.臆测,猜想	adj.预先确定的	adj.顽固的, 固执的

self-centered
[ˌselfˈsentəd]
adj. 以自我为
中心的

stay away from
杜绝，远离

我会写

conjecture

predetermined

obdurate

self-centered

stay away from

读一读

tài zǎi (官职名) wèn yú zǐ gòng yuē fū zǐ shèng zhě yú (同"欤",
太宰（官职名）问于子贡曰："夫子圣者与（同"欤"，

yǔ qì cí
语气词) hé qí duō néng yě zǐ gòng yuē gù tiān zòng zhī jiāng shèng
语气词)？何其多能也！"子贡曰："固天纵之将圣，

yòu duō néng yě zǐ wén zhī yuē tài zǎi zhī wǒ hū wú shào yě
又多能也。"子闻之，曰："太宰知我乎？吾少也

jiàn gù duō néng bǐ shì bēi wēi suǒ suì de shì jūn zǐ duō hū zāi bù
贱，故多能鄙事（卑微琐碎的事）。君子多乎哉？不

duō yě
多也。"

英译

A **minister** asked Zigong, "Master is a **sage**, is he not? But then why does he have so many skills?"

Zigong said, "Indeed, Heaven intended him to become a sage and to acquire many skills."

When he heard this, the Master said, "Does the minister know me? When I was young, I was from a **humble** station, therefore I had to acquire knowledge in many things. Should a gentleman be **proficient** in many skills? No, definitely not."

太宰问

　　太宰问子贡:"孔子是怎么成为圣人的?为何这么多才多艺!"子贡回答道:"是上天让孔子成为圣人的,上天还让孔子多才多艺。"孔子听闻后,说:"太宰真的了解我吗?我从小贫贱,所以学习了一些技能谋生。君子一定要多才多艺吗?不必是啊。"

才艺、知识、技能是一个人谋生的工具和手段，虽然必要，但不是人生修养中最重要的部分，德行才是最根本的。这是因为，有了德行，才艺才能发挥积极的作用，才能有益于他人和社会；如果缺了德行，才艺就难以发挥作用。所以，小朋友们，德与才一定要兼备啊，切不可只重视才艺而轻视了德行。

英语卡片

minister	sage
[ˈmɪnɪstə(r)]	[seɪdʒ]
n. 大臣	n. 圣人

humble	proficient
[ˈhʌmbl]	[prəˈfɪʃnt]
adj. 贫贱的，低下的	adj. 熟练的，精通的

minister

sage

humble

proficient

zǐ gòng yuē　　　　yǒu měi yù yú sī 　yùn dú
子贡曰："有美玉于斯，韫椟（藏在柜子里，比喻

huái cái bú yòng　ér cáng zhū　　qiú shàn gǔ　　　　ér gǔ　　　zhū　　zǐ
怀才不用）而藏诸？求善贾（商人）而沽（卖）诸？"子

yuē　　gū zhī zāi　　gū zhī zāi　　wǒ dài gǔ zhě yě
曰："沽之哉！沽之哉！我待贾者也。"

英译·

Zigong asked, "If there was a beautiful piece of **jade** right here, would you put it in a box and **hide** it or try to find someone with a good offer and sell it?"

The Master said, "Sell it! Sell it! I am waiting for a person with the right offer."

子贡曰

释 义

子贡说:"这儿有一块美玉,是把它放在柜子里收藏起来呢,还是找个识货的商人卖掉呢?"孔子说:"卖掉啊!卖掉啊!我也一直在等待识货的商人呢。"

启 示

一个人的才华就好像美玉,美玉是只用来自己欣赏呢,还是让大家一起欣赏呢?就好像才华一样,是藏起来不用呢,还是积极地服务于社会呢?孔子认为,一个人有了才华,应该积极地投身于社会,所以他赞成把美玉卖出去;但是,才华又得用在正确的地方,所以,美玉又不能轻易出售。

jade
[dʒeɪd]
n.玉

hide
[haɪd]
v.隐藏

我会写

jade

hide

zǐ yù jū jiǔ yí dōng biān cū yě de dì fang　　huò yuē　lòu rú zhī
子欲居九夷（东边粗野的地方）。或曰："陋，如之

hé　zǐ yuē　jūn zǐ jū zhī　hé lòu zhī yǒu
何？"子曰："君子居之，何陋之有？"

英 译·

The Master wanted to live among the Nine Yi barbarian tribes. Someone said, "But they are rude. How could you put up with their ways?" The Master said, "A gentleman has lived among them, so how could they be rude?"

写一写

子欲居九夷

015

孔子想到东夷去居住。有人说："那里的人很粗野，怎么能居住呢？"孔子说："有君子到那里居住了，还会粗野吗？"

启　示

孔子希望自己和他的学生能成为一名既有本领又有道德的人，这样的人就是君子。君子不管在什么地方，都以身作则，把自己当作表率和榜样，用自己文明的行为来影响别人。小朋友们，你们想成为君子吗？

英语卡片

barbarian
[bɑːˈbeəriən]
adj.野蛮的，未开
化的

rude
[ru:d]
adj.粗鲁的，
无礼的

gentleman
[dʒentlmən]
n.君子，绅士

barbarian

rude

gentleman

读一读

zǐ yuē chū zé shì gōng qīng
子曰:"出则事公卿（政府官员，泛指公事），入则

shì fù xiōng sāng shì bù gǎn bù miǎn bù wéi jiǔ kùn hé yǒu yú wǒ
事父兄，丧事不敢不勉，不为酒困，何有于我

zāi
哉？"

🌸 英 译 ·

The Master said, "Go out to serve the community, take good care of the family and home, try your best to help relatives and friends in their funeral, don't get drunk and procrastinate: which one of these things do I attain to?"

写一写

子 曰

孔子说:"出门服务于社会,在家照顾好家人,遇到亲友的丧事,尽力帮助,不因醉酒而耽误了事,这些我做得怎么样呢?"

一个人生活在社会中,就要与各式各样的人打交道,要承担服务社会、照顾家人、帮助朋友等各种责任。在生活的细节中也要多加注意,比如在长大后不可以因为饮酒而耽误了事情。孔子经常拿这些事情来反省自己。小朋友们,你们经常反省自己吗?在学校里听老师的话吗?和同学们相处融洽吗?认真完成作业了吗?

英语卡片

community
[kəˈmjuːnəti]
n.社会

funeral
[ˈfjuːnərəl]
n.葬礼

procrastinate
[prəˈkræstɪneɪt]
v. 耽搁，拖延

relatives and
friends
亲朋好友

我会写

community

funeral

procrastinate

relatives and friends

读一读

zǐ zài chuān hé liú shàng yuē shì zhě rú sī fū bù shě zhòu
子 在 川 （河 流）上 曰：" 逝 者 如 斯 夫 ！ 不 舍 昼

yè
夜 ！ "

英 译 ·

Standing by the river, the Master declaimed, "How it flows on like this, never ceasing day and night!"

写一写

子 在 川 上

释 义

孔子站在大河岸边感慨道:"人生就像河水一样,日夜不停地向前奔流!"

启 示

水只有在流动时,才能保持新鲜,如果停滞于一处,一段时间之后就会变质、发臭;而且,水的流动是有方向的,从沟渠流向河江,从河江再流往大海,一刻也不停留。小朋友们,人的生命是有限的,我们应当学习水的精神,努力进取,不断提升自己,而不可以懒惰,白白浪费了时间。

英语卡片

declaim	cease	day and night
[dɪˈkleɪm]	[si:s]	昼夜
v.慷慨陈词	v.停止,结束	

declaim

cease

day and night

 读一读

zǐ yuē　　wú wèi jiàn hào dé rú hào sè　　　　　zhě yě
子曰：“吾未见好德如好色（外表美）者也。”

英译

The Master said, "I have never met a person who loved **virtue** as much as **physical beauty**."

 写一写

子	曰						

释义

孔子说：“我已经见不到像喜欢外表美一样去喜欢心灵

美的人了。"

　　爱美之心，人皆有之。长得好看的人，没有人不喜欢，因为这是人的天性。不过，美不仅指外表的美，还包括心灵的美，爱外表的美是人的天性，爱心灵的美同样也是人的天性。所以，我们在注重外表美的同时千万不要忽视了内在的美，应该像喜欢外表美一样喜欢心灵美。小朋友们，你们认为是这样吗？

英语卡片

virtue
['və:tʃu:]
n.美德

physical beauty
外表美

 我会写

virtue

physical beauty

zǐ yuē　　 pì rú wéi shān　 wèi chéng yí kuì　　chéng tǔ de kuāng　　 zhǐ
子曰："譬如为山，未成一篑（盛土的筐），止，

wú zhǐ yě　　　 pì rú píng dì　 suī fù　　qīng dào　 yí kuì　 jìn　 wú wǎng
吾止也。譬如平地，虽覆（倾倒）一篑，进，吾往

yě
也。"

英 译

The Master said, "I could use the example of building a mountain. If with just one more basketful of dirt to go I stopped, then I was the one who stopped. I could also use the example of leveling ground. If I heaped just one basketful of dirt, then progress was made and I was the one who moved the work forward."

写一写

子曰

027

（此处为空白书写格子，两行）

释　义

　　孔子说："就好像堆山一样，还差一筐土就能堆成山了，停止了，是因为我选择了放弃。又好像一块平地，虽然才刚倒下一筐土，但是进步了，是因为我选择了进步。"

启　示

　　想做好一件事，需要坚忍不拔的毅力，只有坚持到底才能胜利。成功虽然需要许许多多外在的条件，但最关键的还是靠自己。只要你想进步，没有人能阻挡得了你，没有什么困难是不能被克服的；而如果你自己放弃了，也没有人能帮得了你。所以，小朋友们，成败在于自己啊！

mountain	progress	leveling ground
[ˈmaʊntən]	[ˈprəʊgres]	平地
n.山	n.进步	

我会写

mountain

progress

leveling ground

zǐ yuē　　　yǔ zhī ér bú duò zhě　　qí huí　　　　yě yú
子曰："语之而不惰者，其回（颜回）也与！"

英 译·

The Master said, "Never **flagging** when I set forth anying to him; ah! That is Hui."

写一写

子曰

释 义

孔子说："听到我的教导，总是精神饱满地去践行，这就是颜回！"

启 示

　　颜回是孔子最喜欢的弟子，因为颜回听到老师的教导后总是精神饱满地去践行。小朋友们，当你们听到老师的教导，如果只是听到、记住，而不去践行，不落实到行动中，就永远不会有收获。

英语卡片

flag

[flæg]

v. 给……做标记，引起对……的注意

我会写

flag

zǐ wèi yán yuān yuē xī hū wú jiàn qí jìn yě wèi jiàn
子谓颜渊，曰："惜乎！吾见其进也，未见

qí zhǐ yě
其止也。"

英译·

The Master remarked to Yan Hui, said, "Alas! He is dead early. I have observed his constant advance; I never saw him stop in his progress."

写一写

子谓颜渊

孔子评价颜回,说:"颜回死得早,真让人痛惜啊!我只看到他的前进,从来没有见到他止步。"

启 示

生命好像流水一般转瞬即逝,在人有限的一生中,生理的变化始终不会停滞,从出生开始,人们就不断在发育、成长,乃至衰老和死亡。面对无常的人生,孔子教导他的学生要积极有为,不断朝着自己的理想前行,充分绽放生命的光芒,只有这样,才能对得起人生,无怨无悔。

英语卡片

alas	observe	advance
[əˈlæs]	[əbˈzəːv]	[ədˈvɑːns]
int.唉(表示悲伤、遗憾等)	v.观察,注意到	n.前进,发展

我会写

alas

observe

advance

 读一读

zǐ yuē　　miáo ér bú xiù　　　　　　　　zhě yǒu yǐ fū　　xiù ér
子曰："苗而不秀（草木之花）者有矣夫！秀而

bù shí zhě yǒu yǐ fū
不实者有矣夫！"

英译·

The Master said, "There are **seedlings** that never grow to flower. And there are plants that have grown to flower but never **bear fruit**."

 写一写

035

孔子说:"一棵好的树苗未必能开出美丽的花朵来! 美丽的花朵未必能结出丰硕的果实来!"

启　示

每个人都有一颗善良的心,却未必能成为一个善人,就好像好树苗未必能开出美丽的花朵,美丽的花朵也未必能结出丰硕的果实。这是为什么呢? 因为拥有一颗善良的心只是前提条件,要想成就理想的人格,还需要经历漫长而艰难的修行。孔子的这句话正是在激励我们,人性虽然是善的,但成为一个有德的君子,还得靠自身的努力。

英语卡片

seedling
[ˈsiːdlɪŋ]
n.树苗,幼苗

bear fruit
结出果实

 我会写

seedling

bear fruit

zǐ yuē　　hòu shēng kě wèi　yān zhī lái zhě zhī bù rú jīn yě
子曰："后生可畏，焉知来者之不如今也？

sì shí　wǔ shí　ér wú wén yān　sī yì bù zú wèi yě yǐ
四十、五十而无闻焉，斯亦不足畏也已。"

英译·

The Master said, "The young should have our respect. How do we know that the coming **generation** may not prove to be the equal of the present one? If a man is forty or fifty and has not done anything to **distinguish** himself, then he is not **worthy of** our respect."

写一写

子曰

孔子说:"不可小看了年轻人,怎么知道他们不如我们呢? 但是如果到了四十、五十岁还默默无闻,就不足以让人敬畏了。"

启　示

人在幼年和青年的时候总是充满了希望,前途不可限量,因为未来还是未知的。不过,时不我待,如果任凭时光匆匆流逝,等到年老时,再后悔就来不及了。小朋友们,虽然你们有大把的青春,但仍然要珍惜时间,努力学习,只有这样,才能不给自己的青春留下遗憾。

英语卡片

| generation [ˌdʒenəˈreɪʃn] n.一代,一代人 | distinguish [dɪˈstɪŋgwɪʃ] v.使杰出,使表现突出 | worthy of 值得,配得上 |

generation

distinguish

worthy of

读一读

zǐ yuē fǎ yǔ zhī yán néng wú cóng hū
子曰："法语（符合准则的话）之言，能无从乎？

gǎi zhī wéi guì xùn yǔ zhī yán néng wú yuè tóng
改之为贵。巽（委婉的劝导）与之言，能无说（同

yuè hū yì zhī wéi guì yuè ér bú yì cóng ér
"悦"）乎？绎（理出头绪）之为贵。说而不绎，从而

bù gǎi wú mò rú zhī hé yě yǐ yǐ
不改，吾末如之何也已矣。"

英译

The Master said, "How can one not agree with **exemplary** words? But what is important is that they will lead you to **self-reform**. How can one not be pleased with gentle and **tactful** words of advice? The important thing is to try to understand the point of such words. To be pleased but not to try to understand; to agree with but not bring about self-reform, I can do nothing for such a man."

子 曰

　　孔子说："听到符合准则的话，能不赞同吗？只有依此改掉自己的过错才可贵啊。委婉的劝导，听了能不让人高兴吗？能分析出话中的道理才可贵啊。如果只高兴而不分析，光赞同但实际不改，我就不知道他该怎么办了。"

　　小朋友们，在家中常听到爸爸妈妈跟我们讲道理，在学校中也常听到老师们讲道理，我们不能光在口头上赞同，重要的是切实遵守，并改掉自己的过错。当我们犯错了，别人的劝告可能是委婉的、顺耳的，这时我们不能只听着高兴，还要能从别人的话中分析出道理来，自我反省，改正错误。

英语卡片

| exemplary
[ɪɡˈzempləri]
adj.典范的，可效仿的 | self-reform
自我变革，自我改造 | tactful
[ˈtæktfl]
adj.婉转的 |

 我会写

exemplary

_____

_____

self-reform

_____

_____

tactful

_____

_____

 读一读

zǐ yuē　　sān jūn

子曰:"三军(古代指中军、左军、右军)可夺帅也,

pǐ fū bù kě duó zhì yě

匹夫不可夺志也。"

 英译·

The Master said, "The **general** of Three Armies may be **carried off** , but a **common man** cannot be robbed of his **ambition**."

 写一写

子	曰							

孔子说:"三军虽然强大,但其统帅仍然可以被击败;一个普通人如果志向坚定,任何人都不能令他放弃。"

启 示

孔子是中国第一位在民间开办学校的老师,相传他有三千学生,个个优秀。孔子教育学生,要求他们首先立志,树立崇高而远大的志向。每个人都有自己的志向,任何人都能守住自己的志向,只要他的意志足够坚定。小朋友们,你们有人生的目标和志向吗?

英语卡片

general
['dʒenrəl]
n. 将军

ambition
[æm'bɪʃn]
n. 抱负,志向

carry off
夺去

common man
大众，平民

 我会写

general

ambition

carry off

common man

zǐ yuē   suì hán   rán hòu zhī sōng bǎi zhī hòu diāo yě
子曰："岁寒，然后知松柏之后凋也。"

英 译 ·

The Master said, "When the cold of winter comes, it is then you know how the **pine** and the **cypress** are the last to lose their **leaves**."

写一写

子 曰

释 义

孔子说:"到了一年中最寒冷的时候,才知道松树和柏树是最后凋落的。"

启 示

一个人的一生中,既有顺心的时候,也会遇到许多困难、坎坷和痛苦,甚至艰难往往比顺心更多。孔子告诉我们,越是在困难的时候,就越能考验一个人的品质,所以我们要迎难而上,不畏艰苦。孔子就是这样的人,当时在混乱的春秋,有的人为了保身,逃避社会,有的人为了富贵,同流合污,而孔子却在艰难中前行,显现出人格的伟大,受万世敬仰。

英语卡片

pine	cypress	leaf
[paɪn]	[ˈsaɪprəs]	[liːf]
n.松树	n.柏树	n.叶子

pine

cypress

leaf

 读一读

zǐ yuē zhì tóng zhì zhì huì zhě bú huò rén zhě bù yōu
子 曰:" 知（同"智"，智慧）者 不 惑 , 仁 者 不 忧 ,

yǒng zhě bú jù
勇 者 不 惧 。"

英 译·

The Master said, "The wise are never **perplexed**. The humane never suffer from **vexation**. The brave are never afraid."

 写一写

子	曰							

孔子说:"智者从不困惑,仁者从不忧虑,勇者从不畏惧。"

启 示

一个人有了智慧,就懂得根据不同的情况找到适当的应对办法,所以智者从不困惑;一个人有了仁义的担当,就会明白人生的使命,而不会患得患失,所以仁者从不忧虑;一个勇敢的人,能见义勇为,所以从不畏惧。小朋友们,我们读书学习,就是为了获得智、仁、勇这三种品德啊!

英语卡片

perplexed

[pəˈplekst]

adj. 困惑的,不知所措的

vexation

[vekˈseɪʃn]

n. 苦恼,令人烦恼的事

我会写

perplexed

vexation

读一读

"唐棣（蔷薇科植物）之华（花），偏（通"翩"）其反而。岂不尔思？室是远而。"子曰："未之思也。夫何远之有？"

英译·

"The flowers of the **Rosa multiflora**, how they flutter this way and that. Don't you **miss** home? Because it's too **far away**." The Master said, "He did not think of her. If he did, how could distance have been a problem?"

写一写

唐棣之华

"蔷薇花啊,随风飘零。难道你不思念出生之地吗? 是因为离开那儿太远的缘故。"孔子说:"只是不思念罢了。如果思念,怎么会远呢?"

启 示

中国人常说"落叶归根",表达人们对家乡和父母的怀念。家乡是生养我们的地方,人们在小的时候曾受父母辛劳的养育之恩,所以,家乡和父母的恩情永远不能忘怀。小朋友们,你们现在还在父母的照顾下生活,等你们长大后,生活可以自立了,还会思念父母和家乡吗?

英语卡片

Rosa multiflora	miss	far away
野蔷薇	[mɪs]	遥远的
	v.思念	

Rosa multiflora

miss

far away

苛政猛于虎

　　孔子经过泰山一侧,听到有个妇人在坟墓边哀痛地哭泣。孔子扶着车轼倾听,让子路前去询问。

　　子路上前问道:"听到你的哭声,好像有深重的忧伤。"妇人答道:"是啊。从前,我的公公被老虎咬死了,后来我的丈夫也被老虎咬死了,如今我的儿子又被老虎咬死了!"孔子听到这个妇人的话,问她说:"既然这里有猛虎,你们为什么不离开呢?"妇人说:"这里虽然有猛虎,但却没有繁重的赋税和苛刻的法令。"

　　孔子对着学生叹息道:"同学们啊! 你们都要记住,残酷的政治比老虎还要凶猛啊!"

乡党第十

　　小朋友们,古人修养道德,并不玄奥,只是在日常生活中的小事上用功。孔子的学生颜回曾经问老师如何培养仁德,孔子告诉了他四句话:"非礼勿视,非礼勿听,非礼勿言,非礼勿动。"就是在视、听、言、行上要求和规范自己。这一篇章记录了孔子的日用常行,我们会看到孔子在平日生活中的状态,既一丝不苟,又轻松快乐,充满了生活的智慧。

kǒng zǐ yú xiāng dǎng
孔子于乡党（家乡），恂恂（谦卑恭敬的样子）如
jiā xiāng   xún xún   qiān bēi gōng jìng de yàng zi   rú

yě   sì   bù néng yán zhě   qí zài zōng miào cháo tíng   pián pián
也，似不能言者。其在宗庙朝廷，便便（勇敢辩
                                                            yǒng gǎn biàn

shuō de yàng zi   yán   wéi jǐn ěr
说的样子）言，唯谨尔。

英译·

The Master was **humble** and **respectful** at home, **as if** he could not speak. At **court**, he argued **courageously**, but **seriously** and **cautiously**.

写一写

孔子

孔子在家乡，谦卑恭敬，好像不能说话一样。在宗庙朝廷上，勇敢地辩论，但又严肃谨慎。

启　示

每个人在社会上都承担着不同的角色，比如小朋友们在家里是爸爸妈妈的小宝贝，到了学校里是学生。当我们承担不同角色时，言行举止应当有所区别。孔子在家乡，他的角色是乡民，家乡有许多长辈，所以谦卑恭敬；在朝廷上，他的角色是官员，为了国家的治理，既要勇敢地辩论，又要严肃谨慎。

英语卡片

humble	respectful	court
[ˈhʌmbl]	[rɪˈspektfl]	[kɔːt]
adj.谦逊的	adj.恭敬的，有礼貌的	n.朝廷

courageously
[kəˈreɪdʒəsli]
adv. 勇敢地

seriously
[ˈsɪəriəsli]
adv. 严肃地, 认真地

cautiously
[ˈkɔːʃəsli]
adv. 谨慎地

as if
好像

 我会写

humble

respectful

court

courageously

seriously

cautiously

as if

 读一读

cháo yǔ xià dà fū yán kǎn kǎn qīng sōng yǒu shàn rú yě yǔ
朝，与下大夫言，侃侃（轻松友善）如也。与

shàng dà fū yán yín yín gōng jìng zhí shuài rú yě
上大夫言，訚訚（恭敬直率）如也。

英译·

When speaking at court with junior officers, the Master was **relaxed** and **affable**. When speaking with the senior officers, he was **frank** but respectful.

 写一写

| 朝 | ， | | | | | | | | | |

孔子在朝廷上,与下大夫说话,轻松且友善;与上大夫说话,恭敬且直率。

启 示

小朋友们,说话是一门艺术,是一个人修养的体现,说话时不仅要诚实,而且还要根据不同的场合和对象改变说话的语气、态度和方式。你看看孔子,他与下属说话时,和气友善,一点儿也不傲慢;与上级说话时,恭敬直率,没有曲意迎奉。我们是不是应该向孔子学习啊?

英语卡片

relaxed	affable	frank
[rɪˈlækst]	[ˈæfəbl]	[fræŋk]
*adj.*放松的,自在的	*adj.*友善的	*adj.*直率的

relaxed

affable

frank

lì bù zhōng mén   xíng bù lǚ yù
立 不 中 门 , 行 不 履 阈（门槛）。
　　　　　　　　　　　mén kǎn

英 译 ·

Don't stand in the middle of the gate and don't **tread** on the **threshold**.

写一写

立	不	中	门					

释 义

不站立在大门的中间，不踏门槛。

小朋友们，我们平时做事情的时候，不能总想着自己，还得想着别人，千万不可以为了自己的方便而妨碍他人，比如，不可以站立在大门的中间，因为这样会阻挡他人进出。此外，我们还要学会入乡随俗。比如，不管是古代还是现在，中国人都将踏门槛看作是忌讳，这是对人家不尊重的表现。所以，生活中处处有学问噢！

英语卡片

tread	threshold
[tred]	[ˈθreʃhəʊld]
v.踩，践踏	n.门槛

 我会写

tread

threshold

读一读

shí bú yàn jīng kuài
食不厌精，脍（细切的肉）不厌细。食馈（腐败

发臭）而餲（经久而变味），鱼馁（腐烂变质）而肉败，不

食。色恶，不食。臭（气味）恶，不食。失饪（做饭

做菜），不食。不时，不食。

❋英译·

Don't care whether food is fine or **coarse.** Don't care
whether fish is cut large or small. Don't eat **spoiled** grain
or **rotten** meat. Don't eat food that is discolored or **smelly.**
Don't eat food that is not cooked or **burnt.** Don't eat until
it's time to eat.

写一写

食 不 厌 精

不要嫌弃粮食是精还是粗，不要嫌弃鱼肉是切大还是切小。不吃变质的粮食和腐败的肉。不吃变色和变味的食物。不吃没有烧熟或烧焦的食物。不到吃饭的时间不吃饭。

礼节的目标是要达到人身心的协调和人际关系的和谐，所以，在我们的饮食起居中到处都有礼节。小朋友们，吃饭不可以挑食，粮食不管精粗，肉食不管切得是大还是小，都不要嫌弃噢。健康饮食非常重要，有许多食物是不可以吃的，如变质的、变色的、变味的、没有烧熟的和烧焦的等。此外，饮食还要有规律，应按时吃饭。小朋友们，这些你们都做到了吗？

coarse
[kɔ:s]
adj.粗糙的

spoiled
[spɔild]
adj.变质的

rotten
['rɔtn]
adj.腐烂的

smelly
['smeli]
adj.发臭的

burnt
[bə:nt]
adj.烧焦的

我会写

coarse

spoiled

rotten

_____

smelly

_____

burnt

_____

wéi jiǔ wú liàng　　bù jí luàn
唯 酒 无 量，不 及 乱。

英 译·

Although the wine is not limited, but never take it to excess.

写一写

唯	酒	无	量						

释 义

酒虽然不限量，但要以不醉乱为度。

启 示

小朋友们，做任何事情都应当适度，而不可以过度，过度了就不好了。比如吃饭，吃得太少或太多都不好，又比如运动，运动量太少或太多也都不好。所以，万事都讲究一个度，适度的才是适宜的，适合自己的才是最好的。小朋友们，你们记住了吗？

英语卡片

limited	excess
['lɪmɪtɪd]	[ɪk'ses]
adj.有限的，限量的	n.过度，无节制

我会写

limited

_____

_____

excess

_____

_____

shí bù yǔ   qǐn bù yán
食不语，寝不言。

英 译·

Don't talk **loudly** when you eat, don't **discuss problems** when you sleep.

写一写

食 不 语

释 义

吃饭的时候不大声喧哗，睡觉前不讨论问题。

礼节不仅是道德文明的体现，还是健康身体的保证。吃饭时大声喧哗、睡觉前与人讨论问题，不仅会妨碍他人，还会对自己的身体造成不利的影响。小朋友们，安心吃饭，细嚼慢咽，易于消化，也有利于节制饮食；睡觉前保持安静，才能快速入眠，保证充足的休息时间。

英语卡片

loudly
['laʊdli]
adv. 大声地

discuss problems
讨论问题

 我会写

loudly

discuss problems

读一读

suī shū shí　cài gēng　guā　jì　bì zhāi　tóng zhāi　rú yě

虽疏食、菜羹、瓜，祭，必齐（同"斋"）如也。

英 译·

Even if you eat coarse grain, vegetable soup, and melon,
you should also **worship** with **solemnity** and respect.

写一写

虽 蔬 食

释 义

即使是食用粗饭、菜汤和瓜果，也一定要祭拜，如同祭祀一样肃敬。

　　生活需要感恩，感恩生养我们的父母，感恩为我们提供舒适环境的大自然，感恩为我们一日三餐付出辛勤劳动的人，感恩天地万物给我们物质的馈赠。

•英语卡片

worship
[ˈwəːʃɪp]
v.敬奉(神)

solemnity
[səˈlemnəti]
n.庄严

 我会写

worship

solemnity

読一読

xí bú zhèng bú zuò
席 不 正 , 不 坐 。

英 译 ·

Don't sit unless the mat is **properly straightened**.

写一写

| 席 | 不 | 正 | | | | | | | |

释 义

席位摆放得不端正,便不坐。

小朋友们，生活中，我们在做事情时应该一丝不苟。因为不管是好习惯，还是坏习惯，都是从生活中不起眼的细节中一点点形成的。你看看，孔子连席位都要摆放端正，我们坐在座位上能不端正吗？

英语卡片

properly	straighten
[ˈprɔpəli]	[ˈstreɪtn]
adv.适当地，正确地	v.(使)变正，(使)变直

我会写

properly

straighten

xiāng rén yǐn jiǔ zhàng zhě lǎo nián rén chū sī chū yǐ
乡人饮酒，杖者（老年人）出，斯出矣。

英 译·

When **celebrating** a **drinking festival** in the local community, you should not leave until the old people has done so.

写一写

乡 人 饮 酒

和家乡人一起饮酒，要等老者离席后，自己才能离席。

启 示

  尊老爱幼是中华民族的传统美德，与家乡人在一起，应以年长者为尊。吃饭时，长辈先入席，晚辈后入席；吃好饭后，先请长辈离席，晚辈再离席。小朋友们，培养美德不可以只停留在口头上噢，一定要落实到行动之中，就让我们从现在开始做起吧！

英语卡片

celebrate	drinking
['selɪbreɪt]	festival
v.庆祝	宴饮

 我会写

celebrate

drinking festival

读一读

wèn rén yú tā bāng　zài bài ér sòng zhī
问人于他邦，再拜而送之。

英 译·

When the Master **asked after** someone in another state,

he would **bow** twice before seeing the **messenger** off.

写一写

问	人						

释 义

孔子托人向他邦友人问好，在送别的时候，孔子会鞠躬两次。

启示

　　孔子托人向别人问好,鞠躬了两次,一次是向送信人鞠躬,表示感谢;一次是向要问好的人鞠躬,表示问好。由此可以看出,问候他人,不是表面上的礼仪,一定要发自内心,真诚坦率。小朋友们,你们走在路上向别人问好时,心里有没有也一同问好呢?

英语卡片

bow	messenger	ask after
[baʊ]	[ˈmesɪndʒə(r)]	问候
v.鞠躬	n.送信人	

我会写

bow

messenger

ask after

读一读

kāng zǐ kuì zèng sòng yào bài ér shòu zhī yuē qiū wèi dá
康子馈（赠送）药，拜而受之，曰："丘未达

tōng xiǎo bù gǎn cháng
（通晓），不敢尝。"

英译

When Ji Kangzi sent the Master a gift of medicine, he bowed and accepted it, and he said, "Since I don't know anything about this medicine, I dare not taste it."

写一写

康子

季康子赠药给孔子,孔子鞠躬而接受了,然后说:"我不了解这个药性,所以不便品尝。"

别人赠送给你礼物,只要是合理的,不管你喜不喜欢,都要郑重地感谢并接受,因为这是别人的一片心意,不能辜负。如果你不便使用,也要直言相告。如果接受了却扔在一边,送礼物的人不明所以,也会认为你辜负了他的好意。

英语卡片

medicine	dare	taste
['medsn]	[dea(r)]	[teɪst]
*n.*药	*v.*胆敢	*v.*品尝

medicine

dare

taste

　　jiù　　　　　　fén　　　zǐ tuì cháo yuē　　shāng rén hū　　　bú wèn mǎ
厩（马棚）焚。子退朝，曰："伤人乎？"不问马。

英 译

　　The **stables caught fire**. Upon his return from court, the Master asked, "Was anyone hurt?" He did not ask about the horses.

写一写

厩 焚

孔子家的马厩着火了。孔子退朝回家,问:"有人受伤吗?"没有问马。

启　示

孔子倡导仁爱,一个有仁爱之心的人不仅要爱自己、爱家人,还要爱别人、爱全体人,更扩大一些,还要爱一切生命、万物。但是,仁爱无境,要先爱人,后爱物。所以,当孔子家的马厩着火了,孔子在情急之下,先问人,而没有先问马。

英语卡片

stables	catch fire
['steɪblz]	着火
n.马厩	

 我会写

stables

catch fire

qǐn bù shī　jū bù róng
寝不尸，居不容。

英 译

When the Master slept, he was not **sprawled**. When he was at home, his **manners** were not **indulgent**.

写一写

寝 不 尸

释 义

孔子睡觉时，不四仰八叉地躺着；闲居在家时，仪态也不

放纵。

启示

　　一个人的道德修养体现在生活中的点点滴滴,即使是回到自己的家中,也不可以过度放纵。要加强自己的道德修养,让道德成为自己的一种习惯。小朋友们,让我们就从家中的小事开始做起吧。

英语卡片

sprawled	manner	indulgent
[sprɔːld]	[ˈmænə(r)]	[ɪnˈdʌldʒənt]
adj. 四肢伸开的	*n.* 举止,规矩	*adj.* 放纵的, 任性的

sprawled

manner

indulgent

读一读

shēng chē　　bì zhèng lì,　zhí suí
升 车 , 必 正 立 , 执 绥（gǔ dài dēng chē shí shǒu wǎn de suǒ古代登车时手挽的索）。

英 译·

When climbing into a carriage, the Master always held his body **erect** as he **clutched** the mounting **rope** in his hand.

写一写

升	车				

释 义

孔子上车时，身体正立，扶好登车。

道德礼仪既以人的爱心为源头,又是出于现实生活的需要。比如,登车时要注意安全,要遵循礼节,非礼、轻浮的言行既损人,又害己。小朋友们,社会的道德风尚离不开我们每个人的共同努力噢!

英语卡片

erect	clutch	rope
[ɪ'rekt]	[klʌtʃ]	[rəʊp]
adj. 直立的	v. 紧握	n. 绳索

我会写

erect

clutch

rope

chē zhōng　bú nèi gù　bù jí yán　bù qīn zhǐ
车 中 ，不 内 顾 ，不 疾 言 ，不 亲 指 。

英 译·

When inside the carriage, the Master did not keep looking all around; he did not talk in a loud voice; and he did not point at this or that.

写一写

车	中							

孔子在车中,不左顾右盼,不高声喧哗,不指指点点。

启　示

道德虽然高尚,但又体现在生活的日常行为之中。在公共场合,我们要保持安静,如果高声喧哗、指指点点,都是极为失礼的行为。小朋友们,你们记住了吗?

英语卡片

carriage
['kærɪdʒ]
n.马车,客车厢

in a loud voice
大声喧哗

101

 我会写

carriage

in a loud voice

读一读

sè sī jǔ yǐ xiáng ér hòu jí yuē shān liáng cí zhì shí
色斯举矣，翔而后集。曰："山梁雌雉，时

zāi shí zāi zǐ lù gǒng tóng gǒng zhī sān xiù ér zuò
哉！时哉！"子路共（同"拱"）之，三嗅而作。

英 译

Startled by the signs of an unfriendly presence, it rose up and circled a few times before alighting. The Master said, "The female pheasant on the mountain ridge really knows how to do the right thing at the right time." Zilu saluted it. The bird flapped its wings three times and flew away.

写一写

色 斯 举 矣

　　孔子脸色一变,野鸟受惊高飞,然后落下停在一处。孔子说:"山林中的野鸟,应时而动啊! 应时而动啊!"子路听闻后,向野鸟三拱手,野鸟又三起三落。

　　礼仪规范要因时、因地、因人而异,就好像山梁雌雉一样,应时而动。小朋友们,我们学习传统礼仪也是如此,既要学习古人重礼的精神,又要与时俱进,灵活应变。

英语卡片

startle	circle	female
[ˈstɑ:tl]	[ˈsə:kl]	pheasant
v.使吓一跳	v.盘旋	雌性野鸡

104

mountain ridge	rise up
山梁，山岭	上升

 我会写

startle

circle

female pheasant

mountain ridge

rise up

持满之道

孔子到鲁桓公的宗庙里参观，看到了一个倾斜的器皿。孔子向守庙的人问道："请问这是什么器皿？"守庙的人回答道："这大概是君王用来劝诫自己的器皿。"

孔子说："我听说这种器皿空的时候会倾斜，装一半水时会直立，装满水时会翻倒。"于是回头对他的学生说："往里面灌水吧，我们来看一看。"孔子的学生舀水往里面灌。水灌到一半时，器皿是端正的；灌满时，器皿翻倒了；水倒空时，器皿又倾斜了。

孔子感叹道："唉！哪里有装满了还不倾覆的东西呢？"这时，子路向孔子问道："请问一个人盈满时该保持怎样的状态呢？"孔子回答说："拥有聪明才智，要保持谦虚；功劳很大，要保持谦让；勇力盖世，要保持谨慎；富足得拥有天下，要保持节俭。这就是谦退而损满的道理！"

先进十一

孔子有三千弟子，七十二贤人，更有德才卓越的"十哲"。孔子的弟子们，虽然出生普通，但在孔子的因材施教之下，他们个个身怀技艺，心怀理想，又各有特点。在这一篇中，孔子弟子们的个性纷纷地展现出来，有以孝德著称的闵子骞，有年轻有为并被孔子寄予厚望的颜回，有好问且率直的子路，还有心性恬淡的曾点。小朋友们，在孔子的这些弟子中，你们最喜欢谁？你们也能找到属于自己的特点和个性吗？

读一读

zǐ yuē xiān jìn yú lǐ yuè yě rén yě hòu jìn yú lǐ yuè
子曰："先进于礼乐，野人也；后进于礼乐，

jūn zǐ yě rú yòng zhī zé wú cóng xiān jìn
君子也。如用之，则吾从先进。"

英译·

The Master said, "Those who studied rites and music before becoming an official we call them **savages**; those who became an **official** before studying rites and music we call them gentleman. However, these savages are better than those **so-called** gentleman."

写一写

子	曰							

孔子说:"先学礼乐再做官的人,世俗称为野人;先做官再学礼乐,世俗称为君子。但这些野人可比那些所谓的君子有用多了。"

启 示

春秋时,贵族们世袭官爵,却没什么本事;孔子的许多学生虽然出身平民,但德才兼备。古人说:英雄不论出身。小朋友们,无论我们的家庭如何,父母如何,环境和命运都是可以改变的,真正的君子一定是独立自强的。

英语卡片

savage
[ˈsævɪdʒ]
n.未开化的人,
粗鲁的人

official
[əˈfɪʃl]
n.官员,公务员

so-called
adj.所谓的

savage

official

so-called

读一读

zǐ yuē dé xíng yán yuān mǐn zǐ qiān rǎn bó niú zhòng
子曰："德行：颜渊，闵子骞，冉伯牛，仲

gōng yán yǔ zǎi wǒ zǐ gòng zhèng shì rǎn yǒu jì lù
弓。言语：宰我，子贡。政事：冉有，季路。

wén xué zǐ yóu zǐ xià
文学：子游，子夏。"

英 译

The Master said, "Among my many **disciples**, Yan Hui, Min Ziqian, Ran Boniu and Zhonggong are excellent in virtue, Zai Wo and Zigong are excellent in **eloquence**, Ran You and Jilu are excellent in administration, and Ziyou and Zixia are outstanding in **literature**."

写一写

子曰

释 义

孔子说:"在我的众多弟子中,德行优异的是颜回、闵子骞、冉伯牛和仲弓,口才优异的是宰我和子贡,治理才能优异的是冉有和季路,文学水平突出的是子游和子夏。"

启 示

孔子有教无类,因材施教,所以,门下三千弟子各有所长。小朋友们,天生我材必有用,在成长的路上,我们不必与他人攀比,要发现自己的优势,找到适合自己的发展之路最为重要。

disciple	eloquence	literature
[dɪˈsaɪpl]	[ˈeləkwəns]	[ˈlɪtrətʃə(r)]
n.门徒,弟子	n.口才,雄辩术	n.文学,文艺

我会写

disciple

eloquence

literature

读一读

zǐ yuē　　xiào zāi mǐn zǐ qiān　　rén bú jiàn　　　yú qí fù
子曰："孝哉闵子骞！人不间（异议）于其父

mǔ kūn dì zhī yán
母昆弟之言。"

英 译·

The Master said: " Min Ziqian is filial to his parents! His

parents and brothers **praise** him, others without **objection**."

写一写

子	曰							

孔子说："闵子骞孝敬父母啊！父母兄弟对他的称赞，别人毫无异议。"

启　示

孝敬父母是中华民族的传统美德。家庭中的每一位成员都对家庭的和谐负有责任，子女要孝敬父母，父母要慈爱子女，兄弟姐妹之间要相互友爱，缺失了任何一环，家庭都不可能幸福美满。小朋友们，你们在家庭中责任重大噢！

英语卡片

praise
[preɪz]
v. 赞扬

objection
[əbˈdʒekʃn]
n. 异议，反对

 我会写

praise

objection

读一读

nán róng sān fù bái guī
南 容 三 复 白 圭（白玉制成的礼器），kǒng zǐ yǐ qí xiōng孔 子 以 其 兄

zhī zǐ qī zhī
之 子 妻 之。

英 译

The Master had a disciple named Nan Rong, who often read verses about the *sacrificial vessel* made of *white jade* from *The Book of Songs*, so the Master later married his brother's daughter to him.

写一写

南	容					

117

孔子的学生南容经常诵读《诗经》中关于白圭的诗句，孔子后来将自己哥哥的女儿嫁给了他。

启 示

《诗经》曰："白圭之玷，尚可磨也；斯言之玷，不可为也。"意思是说：如果白圭沾染了污尘，尚可拭去；如果言语有所不当，便难以收回了。小朋友们，我们应当向南容那样，谨慎言行，从一句话、一件事入手来培养美德。

英语卡片

sacrificial vessel 祭祀器具	white jade 白玉石	*The Book of Songs* 《诗经》

sacrificial vessel

white jade

The Book of Songs

jì lù wèn shì guǐ shén　　zǐ yuē　　　wèi néng shì rén　　yān néng shì

季路问事鬼神。子曰："未能事人，焉能事

guǐ　　　　yuē　　　gǎn wèn sǐ　　　yuē　　　wèi zhī shēng　　yān zhī sǐ

鬼？"曰："敢问死。"曰："未知生，焉知死？"

英 译

Zilu asked the Master the way to serve ghosts and gods. The Master said, "If you cannot **serve** men **qualifiedly**, how can you serve ghosts and gods?" Zilu asked again, "Master, what comes after death?" The Master said, "If you do not know the **meaning** of life, how can you know death?"

写一写

季路

子路请教孔子侍奉鬼神的方法。孔子说："不能服务好人，怎么能侍奉好鬼神呢？"子路又说："敢问老师，人死之后是什么？"孔子说："不知道活着的意义，又怎么能知道死呢？"

启　示

这个世界有鬼神吗？人死之后会上天堂吗？小朋友们一定和子路一样有这些疑问吧！然而孔子却告诉我们，应该关心的问题是如何更好地活着，我们首先要做的事情是服务好人民和社会。如果这些都做好了，类似鬼神和死亡这样的问题，答案可能就找到了。

英语卡片

serve	qualified	meaning
[sə:v]	[ˈkwɔlɪfaɪd]	[ˈmi:nɪŋ]
v.服务，服侍	adj.合格的	n.意义，含义

serve

qualified

meaning

mǐn zǐ shì cè yín yín hé yuè ér zhí yán rú yě zǐ lù hàng
闵子侍侧，訚訚（和悦而直言）如也。子路，行

hàng gāng qiáng de yàng zi rú yě rǎn yǒu zǐ gòng kǎn kǎn suí hé tōng dá
行（刚强的样子）如也。冉有、子贡，侃侃（随和通达）

rú yě zǐ lè ruò yóu yě bù dé qí sǐ rán
如也。子乐。"若由也，不得其死然。"

英译·

Min Ziqian and several other students **accompanied** the
Master. Min Ziqian spoke in a correct and **pleasant** way, Zilu
was hard and unyielding, and Ran You and Zigong were **easy-going** and generous. The Master looked at them and was very
happy, but said, "Zilu, I am afraid that you will not be able to
live a long life."

写一写

闵子

释 义

闵子骞等几位学生陪伴在孔子身边,闵子骞说话中正而和悦,子路刚硬不屈,冉有和子贡随和通达。孔子看着他们很高兴,但又说:"子路啊,你这样恐怕会不保天年。"

启 示

每个人都有自己的性情,有的人刚烈,有的人柔和,有的人外向,有的人内向,性情虽有不同,但只要心中有仁爱,做正义的事情,都能发挥出正面积极的作用。不过,身在春秋乱世,过分刚硬的性格很容易招致危险,最好是在保持真性情的同时能屈能伸,才能游刃有余。

accompany
[əˈkʌmpəni]
v.陪伴,伴随

pleasant
[ˈpleznt]
adj.令人愉快的,
舒适的

easy-going
随和

我会写

accompany

pleasant

easy-going

zǐ yuē yóu zhī sè　yì zhǒng xián yuè qì　xī wèi hé　wéi yú qiū
子曰："由之瑟(一种弦乐器)，奚(为何)为于丘

zhī mén　mén rén bú jìng zǐ lù　zǐ yuē　yóu yě shēng táng　shāo shāo
之门？"门人不敬子路。子曰："由也升堂(稍稍

rù mén　yǐ　wèi rù yú shì　dá dào jīng shēn de jìng jiè　yě
入门)矣，未入于室(达到精深的境界)也。"

英译·

The Master said, "Zilu plays the **harp**. Why the sound can always reach my door?" When his disciples heard what the Master said, they did not **respect** Zilu. The Master said, "Zilu has **learned** a little, but he has not reach the high level."

子曰

孔子说:"子路弹瑟,声音为何总能传到我的门前呢?"弟子们听到孔子的话,于是不尊敬子路。孔子说:"子路稍稍入门了,但还没有达到精深的境界。"

启　示

道德的培养不同于知识、技能的学习。培养道德,要学会谦逊,不能拿自己的本领在人前炫耀。当见到他人的优点时,不可以嫉妒,而要努力向他人看齐;见到他人的不足时,也不可以嘲笑,而要反省自己,避免自己犯同样的错误。

英语卡片

harp	respect	learn
[hɑ:p]	[rɪ'spekt]	[lə:n]
n.瑟,琴	v.尊敬,尊重	v.学习

harp

_____

respect

_____

learn

_____

zǐ gòng wèn   shī yǔ shāng yě shú xián   zǐ yuē   shī yě
子 贡 问 :" 师 与 商 也 孰 贤 ?" 子 曰 :" 师 也

guò shāng yě bù jí   yuē   rán zé shī yù yú   zǐ yuē   guò
过 , 商 也 不 及 。" 曰 :" 然 则 师 愈 与 ?" 子 曰 :" 过

yóu bù jí
犹 不 及 。"

英 译 ·

Zigong asked, " Which is more **capable**, Zizhang or Zixia?"

The Master said, "Zizhang is too much, Zixia is not enough."

Zigong asked, " Then is Zizhang better?" The Master replied,

"Too much is as bad as **not enough**."

写一写

子 贡 问

子贡问:"子张与子夏哪个更贤能?"孔子说:"子张过头了,子夏赶不上。"子贡问:"那么是子张更好吗?"孔子回答道:"过头了如同赶不上。"

启　示

小朋友们,任何事情都有一个合适的度,超出了合适的度,再好的事情也会变坏。比如锻炼身体,锻炼少了不行,但是过度锻炼对身体也有危害。所以,我们做任何一件事情,都应该保持一定的度,太多和太少都不好。

英语卡片

capable
['keɪpəbl]
adj.有能力的,
有才干的

not enough
不够

130

 我会写

capable

not enough

jì shì fù yú zhōu gōng   ér qiú yě wèi zhī jù liǎn
季氏富于周公，而求也为之聚敛 （搜刮民财）

ér fù yì zhī   zǐ yuē   fēi wú tú yě   xiǎo zǐ míng gǔ ér gōng
而附益之。子曰："非吾徒也！小子鸣鼓而攻

zhī kě yě
之可也。"

英译·

Jisun family was even richer than the Duke of Zhou, but Ran Qiu also helped Jisun family to **collect** people's **wealth**, making him much richer. The Master said, "I don't regard Ran Qiu as my student. You should seriously **criticize** him and reflect on yourself."

写一写

季氏

释 义

季氏比周公还要富有,然而冉求还帮着季氏搜刮民财,让季氏变得更加富有了。孔子说:"我不认冉求为我的学生了。同学们,你们也应该郑重地批评这种行为并反省自己。"

启 示

一个人要想立足于社会,需要掌握一技之长,所以,知识与技能的学习非常重要。但是,光有知识与技能还不行,还有一样东西更加重要,这就是仁义。冉求擅长理财,却不分善恶,拿着他的技能帮着季氏干坏事,因此受到孔子的严厉批评。由此可见,德与才必须要兼备。

collect	wealth	criticize
[kə'lekt]	[welθ]	['krɪtɪsaɪz]
v.搜集，聚集	n.财富	v.批评

 我会写

collect

wealth

criticize

chái yě yú shēn yě lǔ   shī yě pì   yóu yě
柴也愚，参也鲁（迟钝），师也辟（偏激），由也
yàn   lǔ mǎng
喭（鲁莽）。

英译·

Zigao is **clumsy**, Zeng Shen is **dull**, Zizhang is **extreme**, and Zilu is **reckless**.

写一写

柴也愚

子羔愚笨，曾参迟钝，子张偏激，子路鲁莽。

启　示

在这个世界上，不存在完美无缺的人，也不存在一无是处的人，任何一个人的身上都有优点，也有缺点。所以，我们要发扬自己的优点，不可以自卑；也要正视自己的缺点，不可以骄傲。

英语卡片

clumsy	dull
[ˈklʌmzi]	[dʌl]
adj.笨拙的	adj.迟钝的，呆呆的

extreme
[ɪkˈstriːm]
adj.极端的，
偏激的

reckless
[ˈrekləs]
adj.鲁莽的，
不顾后果的

我会写

clumsy

dull

extreme

reckless

zǐ zhāng wèn shàn rén zhī dào　　zǐ yuē　　bú jiàn jì
子 张 问 善 人 之 道。 子 曰:" 不 践 迹 (踩着前人

de zú jì　　　yì bú rù yú shì　　lùn dǔ shì yú　　jūn zǐ zhě hū
的足迹), 亦 不 入 于 室。 论 笃 是 与, 君 子 者 乎?

sè　　wài biǎo　zhuāng zhě hū
色 (外表) 庄 者 乎?"

❀ 英 译 ·

Zizhang asked the Master how to be a good man. The Master said, "If a person does not learn from the saints seriously, he will not be a good man. If he only talk about honest and sincere, then is he a true gentleman? Or is he a hypocrite who only looks serious?

子 张

138

 释 义

　　子张问孔子如何成为一个善人。孔子说:"如果不能踏踏实实地向古代圣贤学习,就不能成为善人。如果只在口头上谈论笃实,那么他是一个真君子呢,还是一个只是外表庄重的伪君子呢?"

 启 示

　　我们要从行动中培养美德,并落实到行动之中。如果只会在口头上大谈道理,或在书斋里思考美德,而完全不能见之以行动,不仅难以切实地培养美德,而且还有可能成为一个表里不一的伪君子。

saint	sincere	hypocrite
[seɪnt]	[sɪnˈsɪə(r)]	[ˈhɪpəkrɪt]
n. 圣人,道德崇高的人	adj. 真诚的,诚挚的	n. 伪君子,伪善者

 我会写

saint

_____

_____

sincere

_____

_____

hypocrite

_____

_____

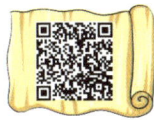

zǐ lù wèn　　wén sī xíng zhū　　zǐ yuē　　yǒu fù xiōng zài
子路问:"闻斯行诸?"子曰:"有父兄在,

rú zhī hé qí wén sī xíng zhī
如之何其闻斯行之?"

rǎn yǒu wèn　　wén sī xíng zhū　　zǐ yuē　　wén sī xíng zhī
冉有问:"闻斯行诸?"子曰:"闻斯行之。"

gōng xī huá yuē　　yóu yě wèn　　wén sī xíng zhū　　zǐ yuē
公西华曰:"由也问'闻斯行诸',子曰:

yǒu fù xiōng zài　　qiú yě wèn　　wén sī xíng zhū　　zǐ yuē　　wén
'有父兄在。'求也问:'闻斯行诸',子曰:'闻

sī xíng zhī　　chì yě huò　　gǎn wèn
斯行之。'赤也惑,敢问。"

zǐ yuē　　qiú yě tuì　　gù jìn zhī　　yóu yě jiān rén　　gù tuì zhī
子曰:"求也退,故进之;由也兼人,故退之。"

英 译 ·

Zilu asked, "Is it right someone hear something that he
ought to do then he do it at once?" The Master said, " The
father and the elder brother are both alive and in need of care.
How can he do so when he hears?"

Ran You asked, " Is it right someone hear something that
he ought to do then he do it at once? The Master said, "If you
hear it, you should do it at once."

Gongxi Hua said, "Zilu and Ran You asked you the same question, but you gave them two different answers. I am so confused that I dare to ask the reason."

The Master said, "Ran Qiu, when confronted with justice, was afraid. So I encouraged him to make progress. Zilu was reckless and impulsive, so I told him to act with caution."

写一写

子路问

释 义

　　子路问:"听到应当做的事,马上去做,可以吗?"孔子说:"父亲和哥哥都还活着,需要人照顾,怎么能听到就去做呢?"

　　冉有问:"听到应当做的事,马上去做,可以吗?"孔子说:"听到就应该马上去做。"

　　公西华说:"子路问'听到应当做的事,是不是应该马上去做',老师说:'父亲和哥哥都还活着,不能听到就去做。'冉求也问了同样的问题,老师却说:'听到就应该马上去做。'我很困惑,敢问老师原因。"

　　孔子说:"冉求面对正义的事情,畏缩不前,所以我鼓励他进取;子路做事鲁莽冲动,所以我要他谨慎行动。"

孔子教育学生因材施教,根据学生的不同特点给予不同的教导,弥补学生的不足。孔子的教育方法启示了我们,做任何事情都不能走极端,"过犹不及",要认识到自己的不足,努力自我纠正,不断完善自己。

英语卡片

confront

[kənˈfrʌnt]

v.面对,遭遇

impulsive

[ɪmˈpʌlsɪv]

adj.冲动的,受感情驱使的

caution

[ˈkɔːʃn]

n.小心,谨慎

ought to do

应该去做

我会写

confront

impulsive

caution

ought to do

读一读

zǐ yuē　　suǒ wèi dà chén zhě　　yǐ dào shì jūn　　bù kě zé zhǐ

子曰："所谓大臣者，以道事君，不可则止。"

英 译·

The Master said, "A true minister seeks justice to correct his **sovereign**. If **justice** fails, he will leave."

写一写

子	曰							

释 义

孔子说："真正的大臣，是以正义来匡正君主，如果正义

146

行不通，便会离开。"

启 示

当官的目的是什么？有的人是为了得到丰厚的财富，有的人是为了获得高贵的地位，但是孔子认为，当官是为了伸张正义。所以，当正义不能伸张，便失去了当官的意义，就应当辞去这个官职，而不可留恋财富和地位。

英语卡片

sovereign	justice
[ˈsɔvrɪn]	[ˈdʒʌstɪs]
n.君主	n.正义

 我会写

sovereign

justice

zǐ lù shǐ zǐ gāo wéi bì zǎi　　zǐ yuē　　　zéi fū rén zhī
子路使子羔为费宰。子曰:"贼夫人之

zǐ　　zǐ lù yuē　　yǒu mín rén yān　yǒu shè jì yān　hé bì dú
子。"子路曰:"有民人焉,有社稷焉,何必读

shū　rán hòu wéi xué　　zǐ yuē　　shì gù wù fū nìng zhě
书,然后为学?"子曰:"是故恶夫佞者。"

英译·

Zilu **recommended** Zigao to be the ruler of Bi. The Master said, "You are hurting others." Zilu said, "There are people who need to be served, and there are states that need to be **administered**. There is no need to increase knowledge through reading." The Master said, "I am **disgusted** with such a man who is half-intelligible, but still irrationally rational."

写一写

子路

149

子路推荐子羔当费邑的长官。孔子说："你这是在害人啊。"子路说："那里有人民需要服务,有国家需要管理,何必要通过读书来增长学识啊?"孔子说："我最厌恶这种一知半解还强词夺理的人。"

人生处处皆学问,读书可以增长学问;走入社会、服务人民,也同样能增长学问。古人常说:读万卷书,行万里路。光读书肯定不行,还需要在社会中实践锻炼。然而,却不可以因此而否定读书的重要性。如果书读不好,又拿什么来管理社会、服务人民呢?所以说,读书是基础,是成才的最佳途径。

recommend	administer	disgust
[ˌrekəˈmend]	[ədˈmɪnɪstə(r)]	[dɪsˈɡʌst]
v.推荐,介绍	v.管理,治理	v.厌恶

我会写

recommend

administer

disgust

zēng diǎn yuē   mù (tóng "mù") chūn zhě   chūn fú   jì chéng   guàn zhě   wǔ
曾 点 曰 :" 莫 (同 " 暮 ") 春 者 , 春 服 既 成 , 冠 者 五

liù rén   tóng zǐ   liù qī rén   yù hū yí   fēng hū wǔ yú   yǒng ér guī
六 人 , 童 子 六 七 人 , 浴 乎 沂 , 风 乎 舞 雩 , 咏 而 归 。 "

英 译 ·

Zeng Dian said ,"My dream is that in the vernal season of late spring,with a group of about five or six **adults** and six or seven **teenagers**, wearing light clothes, washing my hands and face in the side of Yishui River, singing for the wind and enjoying the cool in the **platform**, and then sing songs along the way to go home happily."

写一写

曾	点	曰							

释 义

曾点说："我的理想是，在晚春和煦时节，穿着轻便的衣服，约上五六个成年人和六七个少年，在沂水河旁洒濯洁净，在舞雩台上吟风披凉，然后一路咏歌，尽兴而归。"

启 示

曾点向我们描绘了一幅生动祥和的田园画卷，相信每个人都向往这样的理想生活。不过，这样的理想生活是单个人无法实现的，需要整个社会的共同努力，尤其是年轻人更要勇挑重担，为了我们民族的伟大复兴，为了我们每个人的幸福生活而努力奋斗。

adult	teenager	platform
[ə'dʌlt]	['tiːneɪdʒə(r)]	['plætfɔːm]
n. 成年人	n. 青少年	n. 平台

 我会写

adult

teenager

platform

孔子处困而歌

孔子周游列国,路过匡地。匡地有个叫简子的人要杀强盗阳虎,孔子的相貌很像阳虎,简子误把孔子当成了阳虎,于是带兵把孔子的住处包围了起来。

子路很愤怒,举起戟就要冲杀出去。孔子制止了他,说:"子路,你学习了仁义之道,为何不能多些宽容呢?百姓未能学习《诗》《书》,《礼》《乐》未能讲授,是我的过错。如今别人误把我当成阳虎,这不是我的过错,也不是我能决定的! 你来唱诗,我跟着你唱。"子路唱起了诗,孔子跟着他唱,唱了三遍,包围他们的士兵就离开了。因为像阳虎这样的强盗可不会唱这么温文尔雅的诗歌啊!

颜渊十二

　　孔子是儒家的创始人,儒家主要围绕着内圣与外王两个方面展开,简单来说,内圣就是修养自己,外王就是改善社会。《大学》里有"八条目",其中"格物""致知""诚意""正心""修身"是内圣,"齐家""治国""平天下"是外王。不过,内圣与外王又是不可分离的。小朋友们,你们试想一下,如果自己没有美德,没有本事,又凭什么去改善社会呢? 如果社会不能给我们提供一个良好的环境,让我们培养美德和学习本事,又怎么能修身呢? 所以,内圣与外王实际是统一的。在《颜渊》篇中,儒家的内圣与外王都得到了阐述,这需要小朋友们仔细辨认和体会噢!

zǐ yuē wéi rén yóu jǐ ér yóu rén hū zāi
子曰:"为仁由己,而由人乎哉?"

英译·

The Master said, "The **attainment** of virtue **depends on** one's own strength. How can we **count on** others?"

写一写

子	曰								

释义

孔子说:"仁德的实现,要靠自己的力量,怎么能指望别人呢？"

启 示

　　道德的培养要靠自己的力量。每个人都有足够的力量培养美德，比如，不乱扔垃圾、不闯红灯、公交车上让座、与同学友好相处等，这些事情都能在举手投足之间完成。道德是发自内心的自我约束，可以规范我们自身的言行，帮助我们成长为知书识礼的优秀少年。

英语卡片

attainment
[ə'teɪnmənt]
n.成就

depend on
依靠

count on
指望

我会写

attainment

_____
....
_____

depend on

_____
....
_____

count on

_____
....
_____

zǐ yuē　　fēi lǐ wù shì　　fēi lǐ wù tīng　　fēi lǐ wù yán
子曰：“非礼勿视，非礼勿听，非礼勿言，

fēi lǐ wù dòng
非礼勿动。”

英 译·

The Master said,"Do not look at what **is contrary to propriety**; do not listen to what is contrary to propriety; do not speak what is contrary to propriety; do not do what is contrary to propriety. "

写一写

子	曰								

释 义

孔子说:"不符合礼的不要去看,不符合礼的不要去听,不符合礼的不要去说,不符合礼的不要去做。"

启 示

笼统地说,礼指秩序和规范,我们的社会为了维系人与人之间关系的和谐,设立了许多秩序和规范。如马路上有交通秩序,学校有校规,家里有家规。守礼就是从视、听、言、行各个方面遵守秩序和规范,守礼了,美德也就培养起来了。

英语卡片

propriety	be contrary to
[prə'praɪəti]	违背,违反
v.得体,适当	

 我会写

propriety

be contrary to

zǐ yuē　　jǐ suǒ bú yù　wù shī yú rén
子曰："己所不欲,勿施于人。"

英译·

The Master said,"Do not **impose on** others what you **dislike**. "

写一写

子曰

释义

孔子说:"不把自己厌恶的东西强加给别人。"

人与人之间，许多的好恶感受都是相通的。所以，仁爱就是以爱自己的方式去爱别人，不厚此薄彼，反过来也是这样，自己厌恶的，别人可能也会厌恶。所以，我们不能把自己厌恶的东西强加给别人。小朋友们，我们在与他人相处时，要懂得将心比心，做到孔子说的"己所不欲，勿施于人"噢！

英语卡片

dislike	impose on
[dɪsˈlaɪk]	施加影响于
v.厌恶	

我会写

dislike

impose on

sī mǎ niú wèn rén　　zǐ yuē　　rén zhě　　qí yán yě rèn
司马牛问仁。子曰："仁者，其言也讱（说

huà jǐn shèn
话谨慎）。"

yuē　　qí yán yě rèn　sī wèi zhī rén yǐ hū　　zǐ yuē
曰："其言也讱，斯谓之仁已乎？"子曰：

wéi zhī nán　yán zhī dé wú rèn hū
"为之难，言之得无讱乎？"

英译

Sima Niu asked how to attain kindheartedness. The Master said, " Who **seeks benevolence** is careful in his speech."

Sima Niu asked again, "If he can **attain** benevolence by being careful in his speech, will he attain benevolence? " The Master said, "It is very difficult to attain benevolence. Is it possible to speak without prudence?"

写一写

司马牛

释 义

司马牛问怎样达到仁德。孔子说："追求仁德的人，说话谨慎。"

司马牛又问："能做到说话谨慎，就达到仁德的标准了吗？"孔子说："达到仁德的标准很难，说话能不谨慎吗？"

启 示

美德的培养既要发自内心，又要见之于行动，更要长久地保持。所以，培养美德不能急于求成，更不能停留在口头上，而要谨慎言语，勤敏行事，做到心口如一，知行合一。

英语卡片

attain
[ə'teɪn]
v. 达到，实现

seek benevolence
追求仁德

 我会写

attain

seek benevolence

sī mǎ niú wèn jūn zǐ　　zǐ yuē　　jūn zǐ bù yōu bú jù
司 马 牛 问 君 子 。 子 曰 ：" 君 子 不 忧 不 惧 。"

yuē　　bù yōu bú jù　sī wèi zhī jūn zǐ yǐ hū　　zǐ yuē
曰 ：" 不 忧 不 惧 ， 斯 谓 之 君 子 已 乎 ？" 子 曰 ：

nèi xǐng bú jiù　fū hé yōu hé jù
" 内 省 不 疚 ， 夫 何 忧 何 惧 ？"

❀ 英 译 ·

Sima Niu asked how to become a gentleman. The Master said, "The gentleman is not **sad** or afraid."

Sima Niu asked again, "Can you be a gentleman without sorrow and fear? " The Master said, "The gentleman **reflect on himself** and is free from guilt. How can he have sorrow and fear? "

写一写

司 马 牛

释 义

司马牛问怎样成为君子。孔子说:"君子不忧愁,不恐惧。"

司马牛又问:"能做到不忧愁和不恐惧就是君子了吗?"孔子说:"君子反省自己,无所愧疚,怎么会有忧愁和恐惧呢?"

启 示

君子的养成重在内心,通过自我反省而内心无愧,内心没有愧疚,坦坦荡荡,自然就不会忧愁和恐惧。所以,小朋友们,我们做一件事情,做得好不好,首先问问自己,听听自己内心的声音,如果自己的这一关过去了，就不会有忧愁和恐惧了。

英语卡片

sad	reflect on
[sæd]	oneself
adj. 难过的，忧愁的	反省自己

 我会写

sad

reflect on oneself

sī mǎ niú yōu yuē   rén jiē yǒu xiōng di   wǒ dú wú
司 马 牛 忧 曰 ：" 人 皆 有 兄 弟 ， 我 独 亡 (同

wú
" 无 ")。 "

zǐ xià yuē   shāng wén zhī yǐ   sǐ shēng yǒu mìng   fù guì zài
子 夏 曰 ：" 商 闻 之 矣 ， 死 生 有 命 ， 富 贵 在

tiān   jūn zǐ jìng ér wú shī   yǔ rén gōng ér yǒu lǐ   sì hǎi zhī
天 。 君 子 敬 而 无 失 ， 与 人 恭 而 有 礼 。 四 海 之

nèi   jiē xiōng di yě   jūn zǐ hé huàn hū wú xiōng di yě
内 ， 皆 兄 弟 也 。 君 子 何 患 乎 无 兄 弟 也 ？"

英 译 ·

Sima Niu said sadly, "People have brothers, but I lost my brother."

Zixia replied, "I have heard that birth, death, wealth and rank are not you can decide yourself. Gentlemen to treat people sincerely respect and no mistake, humility and seemliness, see all as their brothers. Why a gentleman should be sorry that he has no brother?"

司马牛

司马牛忧愁地说:"人们都有兄弟,而我却失去了兄弟。"

子夏回答道:"我听说过,生、死、富、贵,都不是自己能决定的。君子能决定的是待人诚敬而且没有差错,谦恭而且合乎礼节,将天下人都看作是自己的兄弟,君子何必忧愁没有兄弟呢?"

人生中有许多事是自己不能决定的，对于这些事，得之不必惊喜，失去也不必忧愁。小朋友们，我们应该将注意力放在自己可以决定的事情上，比如认真读书学习，待人谦虚有礼，这些都是我们的分内之事。只要把这些事做好了，人生就不会留下遗憾了。

英语卡片

humility	seemliness	wealth and rank
[hjuːˈmɪləti]	[ˈsiːmlɪnɪs]	富贵
n. 谦逊	n. 合乎礼节	

我会写

humility

seemliness

wealth and rank

读一读

zǐ zhāng wèn míng　　zǐ yuē　　jìn rùn zhī zèn　　　　fū shòu
子张问明。子曰:"浸润之谮(谗言),肤受

zhī sù　bù xíng yān　kě wèi míng yě yǐ yǐ
之诉,不行焉,可谓明也已矣。"

英译 ·

Zizhang asked how to be wise. The Master said, "Silent slanders, and false accusation of severe pain, cannot work for you. That would be wise. "

写一写

子张

子张问怎样才能明智。孔子说:"无声无息的谗言,切肤之痛的诬告,在你那里都行不通,这样就明智了。"

启　示

成为一位明智的人,最重要的是要有理性的判断,遇到事情多观察,多思考,不可以人云亦云,也不可以盲目冲动,更不能被别人的谎言所欺骗。如果能做到这些,就能逐渐成为一位明智的人了。

英语卡片

silent slanders
无声无息的谗言

false accusation
诬告

我会写

silent slanders

false accusation

179

jí zǐ chéng yuē   jūn zǐ zhì ér yǐ yǐ   hé yǐ wén wéi
棘子成曰:"君子质而已矣,何以文为?"

zǐ gòng yuē   xī hū   fū zǐ zhī shuō jūn zǐ yě   sì bù
子贡曰:"惜乎!夫子之说君子也,驷不

jí shé   wén yóu zhì yě   zhì yóu wén yě   hǔ bào zhī kuò
及舌。文犹质也,质犹文也。虎豹之鞟(去毛的

shòu pí   yóu quǎn yáng zhī kuò
兽皮)犹犬羊之鞟。"

英 译·

Jin Zicheng said, "The gentleman keeps his nature, why so much **decoration**? "

Zigong said, "I am sorry to hear that. You say that about a gentleman. **You cannot go back on your word. Literary grace** rests on nature. Nature reveals literary grace. If there is no literary grace, the **skin** of the tiger and **leopard** and the skin of the dog and sheep are the same."

棘子成

释 义

　　棘子成说:"君子只要保持本性就行了,何必要这么多修养呢?"

　　子贡说:"听到您这样说真是感到遗憾啊! 您这样说君子,一言既出,驷马难追啊。文采以本性为根据,本性又要通过文采来表现。如果没有文采,虎豹的皮就与犬羊的皮没有两样了。"

君子文质彬彬。文是人所习得的礼仪,礼仪虽然是形式,但源自内心;质是人真实的内心,内心要想表达出来,又必须借用一定的形式。所以,文与质、礼仪与内心要协调起来。小朋友们,我们既要保持一颗纯真的心,又要学会文明的表达方式,做到文质彬彬。

英语卡片

decoration
[ˌdekəˈreɪʃn]
n. 装饰,修饰

skin
[skɪn]
n. 皮,皮肤

leopard
[ˈlepəd]
n. 豹

literary grace
文采

You cannot go
back on
your word.
一言既出,
驷马难追。

我会写

decoration

skin

leopard

literary grace

You cannot go back on your word.

zǐ yuē　　bǎi xìng zú　　jūn shú yǔ bù zú　　bǎi xìng bù zú
子 曰："百 姓 足， 君 孰 与 不 足 ？ 百 姓 不 足 ，

jūn shú yǔ zú
君 孰 与 足 ？"

英 译 ·

The Master said, "If people are **rich**, how can the **nation** be poor? If people are not rich, how can the nation be rich? "

写一写

子	曰								

孔子说:"百姓充足了,国家还能不充足吗? 如果百姓不充足,国家又怎能充足呢?"

启 示

人民是一国之本,这个观念是中国从古至今都一直倡导的。人民支持了、拥护了,国家就能安定,政权就能稳定。同样的道理,人民丰衣足食了,国家才能长治久安、繁荣昌盛。

英语卡片

rich
[rɪtʃ]
adj.富足的,
富有的

nation
['neɪʃn]
n.国家,民族

我会写

rich

nation

读一读

zǐ yuē　　jūn jūn　chén chén　　fù fù　　zǐ zǐ
子曰："君君，臣臣，父父，子子。"

英译·

The Master said, "The king should behave like a king, officials should meet the **requirements** of officials. Parents should **assume** parental **responsibilities**, and children should **fulfill children's obligations**. "

写一写

子曰

孔子说:"君王要像个君王的样子,大臣要符合大臣的要求,父母要承担父母的责任,子女要履行子女的义务。"

自然万物各行其道,才能和谐;社会的和谐离不开社会上下各司其职。社会由不同职业和身份的人组成,社会对每一个人都有特定的要求,而每个人都有需要履行的义务,只有大家认真履行自己的义务,承担起自己的责任,社会才能正常地运转起来。

英语卡片

requirement	assume
[rɪˈkwaɪəmənt]	[əˈsjuːm]
n.要求,	v.承担
必要条件	

responsibility
[rɪˌspɒnsəˈbɪləti]
n. 责任

fulfill one's obligations
履行义务

我会写

requirement

assume

responsibility

fulfill one's obligations

zǐ yuē　　piàn yán kě zhé yù　　　　　　　　zhě　　qí yóu yě
子曰："片言可折狱（审判案件）者，其由也

yú　　　zǐ lù wú sù nuò
与？"子路无宿诺。

zǐ yuē　　　tīng sòng　　wú yóu rén yě　　bì yě shǐ wú sòng hū
子曰："听讼，吾犹人也，必也使无讼乎！"

英 译 ·

The Master said, "It is Zilu to **judge a case** by hearing only one side of the words, isn't it?" Zilu was eager to fulfill his words.

The Master said, " When I listen to a person's **lawsuit**, I go into the person's heart, and I must judge a case without any complain from either party. "

子 曰

孔子说："只听取片面之词就去断案，这不正是子路吗？"子路急于践言。

孔子说："在听取一个人诉讼时，我会走进这个人的内心，一定要在当事人双方没有什么申诉的情况下再来断案。"

在我们评价一个人或一件事情时，往往从自我出发，然而自我难免会有偏见，所以，孔子教育我们要"毋己"，即超越自我，不以自我为中心，多听取他人的意见，这样就会避免自我的狭隘，使我们的判断更加客观、合理。

lawsuit	judge a case
[ˈlɔːsuːt]	断案
n.诉讼案件	

我会写

lawsuit

judge a case

zǐ yuē jūn zǐ chéng rén zhī měi bù chéng rén zhī è xiǎo
子曰："君子成人之美，不成人之恶。小
rén fǎn shì
人反是。"

英 译

The Master said, "The gentleman helps others to **accomplish** good things, not to help others do bad things, but a **base** person **on the contrary**. "

写一写

子曰

孔子说:"君子帮助别人完成好事,不帮助别人做坏事。小人相反。"

小朋友们都知道,助人为乐是一种美德,但是,助人什么,怎么助人,又需要事先了解。助人为乐,只限于帮助别人完成好事,千万不能意气用事去帮助别人做坏事,这样既害了别人,也害了自己。

英语卡片

accomplish	base	on the contrary
[əˈkʌmplɪʃ]	[beɪs]	正相反
v.完成,实现	adj.卑鄙的,	
	低劣的	

accomplish

base

on the contrary

读一读

jì kāng zǐ wèn zhèng yú kǒng zǐ　　kǒng zǐ duì yuē　　zhèng zhě
季 康 子 问 政 于 孔 子 。 孔 子 对 曰 ：" 政 者 ，

zhèng yě　　zǐ shuài　　　　　　yǐ zhèng　shú gǎn bú zhèng
正 也 。 子 帅 （ 带头 ） 以 正 ， 孰 敢 不 正 ？ "

英 译 ·

Ji Kangzi asked the Master how to govern a country. The Master answered, "To govern the country is to safeguard social justice. If you can set an example, who cannot follow the right path? "

写一写

季 康 子

196

季康子问孔子怎么治理国家。孔子回答道："治理国家，就是维护社会的正义。如果您能以身作则，谁能不向着正道走呢？"

启　示

政治的本质是维护社会的正义，使社会走上正道。在国家治理中，管理者首先以身作则，当好表率，百姓就会仿效他们走向正道。不过，天下兴亡，匹夫有责，如果每个人都能以身作则，岂不是更好啊！

英语卡片

safeguard
social justice
维护社会正义

set an example
以身作则

follow the
right path
遵行正道

safeguard social justice

set an example

follow the right path

zǐ yuē jūn zǐ zhī dé fēng xiǎo rén zhī dé cǎo cǎo shàng
子曰："君子之德风，小人之德草。草上

zhī fēng bì yǎn qīng dǎo
之风，必偃（倾倒）。"

英译·

The Master said, "The virtue of the **superior** man is like the wind; the virtue of the **mean** man is like the grass. When the wind blows the grass, the grass falls."

写一写

子	曰								

孔子说:"君子的德行就像风一样,小人的德行就像草一样,风吹草,草就会倾倒。"

君子是人们的榜样,他们率先垂范,就好像风吹草动一般引导着人心走向善良。人们是需要榜样的,有了榜样和模范,就能照样子去学,也就会逐渐成为君子。小朋友们,你们希望自己成为君子吗?

英语卡片

superior
[suːˈpɪərɪə(r)]
adj.出众的

mean
[miːn]
adj.自私的,
吝啬的

 我会写

superior

mean

fán chí wèn rén   zǐ yuē   ài rén

樊迟问仁。子曰:"爱人。"

wèn zhì   zǐ yuē   zhī rén

问知。子曰:"知人。"

英译·

Fan Chi asked what **benevolence** was. The Master said, "The benevolent love others."

And what is **wisdom**. The Master said, "A wise man knows others."

写一写

樊迟

樊迟问什么是仁。孔子说:"仁者爱人。"

又问什么是智。孔子说:"智者知人。"

　　仁与智是君子的两大品质,仁就是有爱心,着重于对他人有爱心,所以仁者爱人;智是通情达理,着重于理解他人,所以智者知人。小朋友们,我们有时习惯于以自我为中心,从自我出发来理解问题。君子不仅要爱自己,还要爱他人噢,要站在他人的角度看问题。

英语卡片

benevolence	wisdom
[bəˈnevələns]	[ˈwɪzdəm]
n.仁慈,仁爱	n.智慧,才智

 我会写

benevolence

wisdom

zǐ gòng wèn yǒu　　zǐ yuē　　zhōng gào ér shàn dǎo
子贡问友。子曰："忠告而善道(引导,疏导)

zhī bù kě zé zhǐ wú bú yào zì rǔ yān
之,不可则止,毋(不要)自辱焉。"

英 译

Zigong asked how to **make friends**. The Master said,
"Give advice and guidance to your friends. If your friends
do not listen, do not continue to advise, otherwise you **ask
for an insult**. "

写一写

子贡

子贡问怎么交朋友。孔子说:"给朋友忠告,适当引导,朋友如果不听,不要继续劝告,否则会自取其辱。"

小朋友们,你们一定有好朋友吧? 如果看到朋友有做得不对的地方,应当给以忠告,引导他改正错误,但如果朋友不听,就不要再劝告了,如果劝说不止,非但不能帮助朋友,反而会损害友情,甚至遭到朋友的厌烦。

英语卡片

make friends
交朋友

ask for an
insult
自取其辱

make friends

ask for an insult

 读一读

zēng zǐ yuē　　jūn zǐ yǐ wén huì yǒu　　yǐ yǒu fǔ rén

曾子日："君子以文会友，以友辅仁。"

英 译

Zengzi said, "The superior man acquires friends **in a civilized way**, and helps the **cultivation** of virtue by friends."

 写一写

曾	子						

释 义

曾子说："君子以文明的方式结交朋友，以朋友来辅助美

德的养成。

启示

小朋友们，朋友是与你们志同道合的人，是能使你们积极向上的人。如果你们想交到文明的、有美德的朋友，就一定要通过文明的方式和途径来结交。如果以不文明的方式和途径交朋友，这样的朋友可能是不文明的和没有美德的人，他们可能会给你们带来不好的影响。

英语卡片

| cultivation |
| [ˌkʌltɪˈveɪʃn] |
| n.培养，教化 |

| in a civilized way |
| 以文明的方式 |

 我会写

cultivation

---

in a civilized way

求道而不穷

孔子在周游列国时,到了陈国和蔡国的边境,这里环境恶劣,孔子和他的学生七天都不曾吃一粒粮食,只能吃藜草做的羹。

这时,宰予疲惫至极,孔子在屋里和着琴瑟咏诗,颜回在外边捡野菜。子路和子贡在一起讨论道:"在鲁国的家乡,老师被驱逐;在卫国,老师不受欢迎;在宋国,老师在大树下讲课,宋国人为了阻止老师,砍倒了大树;在陈国和蔡国的边境,老师穷困潦倒。人们不认为驱赶老师是有罪的,也不阻止别人欺凌老师。如今老师还弹琴咏诗、击鼓跳舞,难道君子竟如此不知羞愧吗?"颜回听到两人的对话,无言以对,进入房间告诉了孔子。

孔子听到后,忧伤地推开了琴,深有感慨而叹息道:"子路和子贡,小人啊!把他们叫进来,我来和他们谈谈。"子路和子贡进来了,子贡说:"我们现在这个样子,可以说是太失败了!"孔子说:"这是什么话啊?君子有自己的道义和理想,只要能坚持不懈地去追求,就是成功;如果君子放弃了自己的道义和理想,才真的是失败啊! 如今我坚守道义和理想,无愧于心,只不过是遇到不利的处境,这怎么能说是失败呢? 寒冷的季节已经到来了,霜雪已经降落了,我知道松柏依然挺拔。"孔子说完后凛然庄严地回到琴边继续弹奏。子路听到后,志气高亢,手执着武器挥舞了起来。子贡说:"是我不知道天高地厚!"

后　记

　　"我的第一本双语国学书"系列丛书,是安徽师范大学出版社倾力打造的少儿双语国学图书品牌,其目的在于深入发掘中华优秀传统文化的深厚资源和丰富内涵,促进少儿亲近传统文化,夯实英语基础,拓展阅读视野。

　　《论语》(双语读本)作为系列丛书的第一套,率先与读者见面。选择《论语》,是因为它的传播广,受众多,文本本身理解难度不大,适宜中小学生阅读。编写过程中,我们组织了一些高校、党校及重点中学国学研究领域的专家,精选了《论语》中言简意赅、富含大道的经典名句,并详解要义,点明主旨,帮助少儿读者从先贤的思想荟萃中领悟人生智慧。同时,我们还邀请了美国中阿肯色大学孔子学院院长庄国欧先生、该校教授 Nicholas Brasovan 等专事中国哲学研究的学者结合众多前人翻译成果,对《论语》的英译文本进行优化,使得其表达流畅规范,既符合少儿理解水平,又能很好地表达出了国学经典的深刻寓意和文化魅力。

　　书中板块经过精细设计,能够符合广大小读者的学习需求,包括经典原文、英译文本、摹写、释义、启示、英文单词学习和小故事等。书中收录的《论语》文本价值指向明确,贴近少儿生活,符合少儿健康成长的实际。对于较长的《论语》原文，丛书节选了其中耳熟能详的部分，帮助小读者们抓住学习重点，降低学习难度。原文选段中古今异义的词语，均在夹注中简要说明了该词在句中含义和今义。丛书的释义和启示部分参考了程树德的《论语集释》和杨伯峻的《论语译注》，二书都是学界公认的解读《论语》较为权威的版本。释义部分根据读者水平调整为浅显易懂，明了直观的语言文字。启示部分点明原文选段所蕴含的深刻内涵，文字直白，风格活泼。英译部分以辜鸿铭、Arthur Waley 和 James Legge 等国内外《论语》翻译大家的译文为参考范本。这些文本释义权威，语言地道，国外读者认同度高。英文单词和短语按英译文本中出现的顺序排列，侧重对中华优秀传统文化的学习。丛书英文学习主旨突出，系统连贯。小故事的内容也充分体现了中华优秀传统美德，寓教于乐，帮助中小学生树立正确的价值观和人生观。

丛书的出版，得到了安徽师范大学出版社的大力支持，对于参与其中的工作人员一并表示感谢。希望广大中小学生读者通过本套丛书的学习，能够领略中华文化之精华、中华思想之绚烂。

囿于编者水平及时间仓促，书中难免有谬误之处，欢迎广大读者批评指正。

戴兆国

二〇二二年一月